Conserver cette couverture

OBSERVATIONS

POLITIQUES,

PRÉCÉDÉES

DE QUELQUE REMARQUES

SUR LE RECENSEMENT;

par

M. Henri de Lur-Saluces.

18 Novembre 1841.

A BORDEAUX,

Imprimerie de Lavigne,

Fossés de l'Intendance, 15.

OBSERVATIONS POLITIQUES,

précédées

de quelques remarques

SUR LE RECENSEMENT;

PAR M. HENRI DE LUR-SALUCES.

Bordeaux, le 18 novembre 1841.

SOUVENT absent de Bordeaux, je ne puis assister aussi assidument que je le voudrais aux séances du conseil municipal, et surtout à celles des commissions où la plupart des affaires peuvent être étudiées.

Je viens d'envoyer ma démission.

En me retirant, j'expliquerai les motifs qui m'ont fait approuver les mesures ministérielles au sujet du recensement, et j'ajouterai quelques observations sur notre situation politique.

J'ai voté pour le rejet de la proposition qui tendait à rendre les ordonnances de M. Humann inexécutables, parce que ces ordonnances m'ont paru légales; parce que, dans la discussion très-calme, mais très-étendue, qui s'est élevée au sein du conseil municipal, entre les hommes spéciaux de la commission du contentieux, j'ai remarqué que, si l'on pouvait citer un grand nombre d'articles d'un grand nombre de lois pour les opposer à la mesure ministérielle, on pouvait en citer un non moins grand nombre en leur faveur; d'où j'ai conclu que, s'il était à souhaiter que les pouvoirs législatifs, en promulguant chacune des lois nouvelles, les rendissent assez complètes pour qu'il devînt possible d'abroger les anciennes sur le même sujet, il n'en existait pas moins aujourd'hui un vague déplorable qui permettait à des esprits également judicieux et bien intentionnés d'arriver à des conclusions opposées.

Conduit ainsi à ne pas m'en rapporter seulement à la lettre de lois sujettes à des interprétations diverses, j'ai dû examiner la mesure en elle-même.

Eh bien! le ministre des finances, obligé de fournir aux Chambres un recensement général du royaume, doit-il, dans l'intérêt des contribuables, afin que les charges soient également supportées, doit-il s'adresser aux répartiteurs, ou bien à ses agens? Les opérations cadastrales répondent en faveur de ces derniers. Qu'est-il résulté, en effet, de l'estimation par les répartiteurs? c'est que certaines communes, n'ayant point de dépenses extraordinaires à couvrir, paient 72 centimes par franc du revenu porté au cadastre, tandis que d'autres ne sont taxées qu'à 30 centimes. (Je cite ces chiffres que j'ai pu vérifier ; il existe sans doute des inégalités plus saillantes.) D'où il suivrait, en admettant de semblables bases pour les cotes mobiliaires, que des maisons de valeur égale, mais situées dans des communes diverses, paieraient un impôt ou deux fois moindre ou deux fois plus fort. Cette différence pour le cadastre provient de ce que les répartiteurs, prenant des types dans chaque commune, leur ont donné une valeur approximative, et classé les autres propriétés d'après ces types ; ce qui a bien pu amener, si l'opération a été faite avec impartialité, une juste répartition entre les habitans, mais amener aussi des différences énormes d'une commune à l'autre, le type, le point de comparaison étant différent.

Des inconvéniens semblables se présenteront pour les valeurs locatives. Certains répartiteurs s'opposeront, par exemple, à ce qu'on compte pour fenêtres des ouvertures qui ailleurs seront classées sous ce nom ; et dans le grand nombre de difficultés du même genre qui peuvent se présenter, les communes dont les répartiteurs ne seront ni habiles, ni fermes, paieront pour celles dont les intérêts auront été plus vivement défendus. Or, dans un esprit de justice, est-ce là le résultat que nous devons désirer ?...

Le seul moyen d'éviter ces inégalités est de laisser à l'autorité centrale la liberté nécessaire pour qu'elle procède à cette estimation sur des bases uniformes dans toute l'étendue du royaume ; son travail sera soumis aux conseils municipaux, puis au pouvoir législatif, qui approuvera ou réformera l'ensemble, et, dans ce dernier cas, indiquera la marche nouvelle à suivre.

D'ailleurs, Bordeaux et le département de la Gironde ne peuvent que gagner à cette répartition, la cote mobiliaire et personnelle étant hors de proportion avec la moyenne générale de la France; les chiffres présentés au conseil municipal ne peuvent laisser de doute à cet égard.

Ainsi, non-seulement nous ne devrions pas nous opposer à cette mesure, mais nous devrions demander qu'une révision analogue fût appliquée à l'impôt foncier. Sous ce rapport, en effet, nous sommes traités avec encore plus de rigueur. En voici la cause : les bases de cet impôt dans toute la France sont celles de 1790; le cadastre n'a apporté que des modifications de détail; les départemens ont dû payer une certaine somme; les conseils généraux l'ont répartie entre les arrondissemens, les conseils d'arrondissement entre les communes, de sorte que l'estimation faite par les répartiteurs n'a servi que de moyenne proportionnelle pour attribuer à chaque citoyen sa quote-part dans la charge communale. Or, en 1790, Bordeaux et les contrées environnantes étaient, relativement au reste de la France, dans une ère de prospérité, due surtout à Saint-Domingue et à l'existence de lois de douane moins défavorables que celles qui nous régissent aujourd'hui ; les revenus élevés amenèrent de forts impôts. Depuis lors, le budget du royaume ayant grandi chaque année, le département de la Gironde a subi une augmentation proportionnelle ; mais la marche ascendante des valeurs foncières dans presque toute la France ayant été plus rapide que dans la Gironde, où certaines propriétés sont restées stationnaires, où d'autres, telles que de nombreuses maisons dans Bordeaux et des terres plantées en vigne aux alentours, ont diminué de valeur, il s'en est suivi des différences choquantes. Ainsi, naguère, une propriété dans Seine-et-Marne a été vendue environ 480,000 fr., elle payait 1,600 fr. d'impôt ; une autre dans la Gironde, vendue 130,000 fr., paie 1,500 fr. Le domaine de Cholet, aliéné par la Chambre des pairs, subit, par rapport au prix d'achat, une charge presque aussi forte. De nombreux exemples d'un impôt également exagéré peuvent être cités dans le département. Ainsi donc, il est de notre intérêt de réclamer une nouvelle répartition de cet impôt, en demandant qu'on prenne pour base, non le revenu, si variable, si facile à exagérer, de nos propriétés foncières, mais bien leur valeur vénale, puisqu'il existe une si grande disproportion entre cette valeur et l'impôt dans le département de la Gironde, entre cette même valeur et l'impôt dans les terres du Nord.

On a cherché, à l'occasion de l'impôt mobilier, à exciter la colère des classes pauvres. Sans doute, dans les communes qui ne viennent pas à leur secours, il a l'inconvénient d'aggraver une situation déjà pénible; mais le vrai caractère de cet impôt, depuis la révolution de juillet, est d'être un impôt de luxe : les gens riches ne le payaient, avant elle, que là où ils avaient élu leur domicile; aujourd'hui ils le paient partout où ils ont une maison, si peu habitée qu'elle soit. Je fais cette remarque, non pour blâmer dans cette loi une disposition qui me paraît juste, mais pour prouver que la loi elle-même n'a pas été envisagée sous son véritable jour.

D'un autre côté, j'ai pensé que, cette question du recensement pouvant avoir des résultats politiques, il était raisonnable de l'examiner sous ce point de vue. Il m'a paru évident, par exemple, après la manière dont le ministère avait soutenu cette mesure vis-à-vis des Toulousains, que, si elle était repoussée par la grande majorité des conseils municipaux du royaume, ce blâme sévère pouvait être pour lui une occasion de retraite; or, dans le nombre des causes qui ont enfanté l'énorme budget dont l'Etat est grevé, ne doit-on pas compter en première ligne ces fréquens changemens de cabinet qui n'ont de terme de comparaison possible que dans la mobilité rapide des décorations d'opéra ? Ne voit-on pas que cette attitude tantôt guerrière et tantôt pacifique qui nous coûte si cher, et nous a placés pendant quelque temps dans une position fausse en face de l'Europe, ne voit-on pas, dis-je, que ces résultats sont dus au peu de suite de notre diplomatie, au défaut de confiance qu'ont dû avoir en elle les cabinets étrangers ? Comment, en effet, ceux dont les intérêts semblaient se rapprocher des nôtres, pouvaient-ils chercher à s'entendre avec nous, lorsque les dépêches adressées à M. Molé allaient peut-être être ouvertes par le maréchal Soult ; celles adressées à ce dernier, tomber entre les mains de M. Thiers ; et enfin celles qui seraient parties sous l'enveloppe de M. Thiers, être décachetées par un nouveau ministre ?... Quoi ! l'affaire la plus simple deviendra interminable, si les personnes chargées d'accorder les parties changent chaque jour, et dans les questions les plus compliquées que les hommes aient à débattre entre eux, vous semblez n'attacher que peu d'importance à confier sans cesse vos intérêts en de nouvelles mains ! L'élément démocratique qui domine dans nos institutions a des avantages, sans nul doute ; mais on sait aussi dans la pratique son immense inconvénient, le défaut de suite. Or, si nous venons y joindre cette mobilité de caractère dont on nous accuse, et par malheur avec vérité, nous nous traînerons péniblement, au lieu de continuer à marcher dans la voie de progrès qui nous a été ouverte ; nous ne ferons plus rien de grand, d'utile; et si nous avons un jour la guerre et que le succès réponde aux vœux et aux efforts des amis de la patrie, nous gaspillerons les fruits de la victoire, comme nous avons dispersé en partie les fruits d'une longue paix..... Depuis dix-huit mois nous avons dépensé 500 millions à faire armer, équiper, promener des conscrits d'un bout de la France à l'autre pour nous retrouver, à quelques richesses de matériel près, au point de départ !... Vous m'arrêtez là et vous me dites : Mais c'est justement parce que nous sommes de votre avis et que nous pensons que le gouvernement a fait un mauvais emploi des forces et de l'argent de la France, que nous sommes dans l'opposition... Erreur étrange, si elle est sincère... Car ce mauvais emploi, vous devez justement l'attribuer à la marche vacillante et incertaine que vous avez imposée au pouvoir exécutif, et vous voulez témoigner votre mécontentement, d'ailleurs légitime, des résultats obtenus, en perpétuant la cause de ces résultats? Est-ce logique, je le demande?

Je conçois sans peine que la presse légitimiste, qui veut prouver que la révolution est incapable de gouverner, emploie ce moyen, le plus efficace de tous. Les trente voix dont elle dispose à la Chambre, ses nombreuses gazettes, n'ont point pour but de porter au pouvoir telle ou telle nuance de l'opposition constitutionnelle, mais bien de culbuter celle qui y est arrivée... Je comprends encore que les hommes politiques qui se disputent ce même pouvoir, se laissant guider par leur ambition ou leur avidité, cherchent à le ressaisir quand ils l'ont perdu, et soient soutenus dans leurs efforts par ceux de leurs partisans qui comptent profiter de leur victoire... Mais ce que je ne puis m'expliquer et ne comprendrai jamais, c'est que ces luttes politiques soient encouragées, aidées par cette masse de citoyens dégagés de toute vue d'ambition personnelle, qui ont voté pour MM. Thiers et Guizot quand ils étaient dans l'opposition, et votent contre eux dès qu'ils sont au pouvoir, et contribuent ainsi à augmenter un budget auquel ils ne doivent prendre d'autre part que celle de le payer en partie.

Je ne crois pas, en effet, comme je l'ai dit plus haut, qu'il y ait une cause de dépense plus forte et plus inutile à la fois que celle qui provient d'un changement fréquent dans la direction des finances. Un ministre peut-il se regarder comme moralement responsable d'un budget exorbitant, si c'est avant lui que les dépenses ont été ordonnées? De même, portera-t-il une sévère attention sur les dépenses futures, si, selon toute probabilité, ce doit être à ceux qui cherchent à le renverser que sera réservé l'embarras de combler le déficit?...

Sully, Colbert, le cardinal de Fleury trouvèrent les finances du royaume dans un état désastreux. Sully les laissa dans l'état le plus prospère. Colbert soutint les premières guerres de Louis XIV, et pourvut en outre à des dépenses pour lesquelles les ressources du royaume auraient paru insuffisantes avant lui. Le cardinal de Fleury, avec un génie médiocre, a rendu, pendant plusieurs années, la France heureuse et riche, sans employer d'autre moyen que celui de maintenir l'ordre, l'économie et la paix. De nos jours, M. de Villèle a acquis, comme ministre des finances, une gloire légitime qui ne peut aller qu'en s'élevant. — Eh bien! est-ce la première, la seconde année de l'administration de ces hommes d'Etat que la France a ressenti les bons effets de leur influence? Non, sans doute; s'ils avaient passé un temps aussi court au pouvoir, ils n'auraient fait aucun bien. N'ayons donc pas la folie, nous qui ne demandons autre chose que d'être sagement gouvernés, de nous passionner pour des questions de personnes, et de venir concourir ainsi à des bouleversemens continuels.

Il n'y a que deux politiques vraiment distinctes pour le gouvernement de juillet : la propagande armée et la guerre contre l'Europe, ou le système de paix suivi depuis 1830. Si donc nous sommes assez amis de l'humanité pour craindre de déchaîner contre elle une guerre de propagande, si nous sommes surtout assez persuadés de la puissance de la France pour penser qu'elle peut avoir cette noble fierté qui ne s'offense pas aisément parce qu'elle se confie en elle-même, nous repousserons le premier système, et alors, en adoptant le second, nous nous dirons que les théories sur le pouvoir royal que l'on prête à M. Molé, que celle sur l'aristocratie que l'on attribue à M. Guizot, que celles sur les affaires étrangères mises en avant par M. Thiers n'empêcheront pas ces trois hommes d'Etat, s'ils ont pour eux la majorité, de gouverner à peu près de la même manière... Seulement, si cette majorité tend à leur échapper, M. Molé appellera à son secours le pouvoir royal, M. Guizot la puissance parlementaire, et M. Thiers les idées de la révolution. Je sais bien qu'il existe entre ces trois ministres de grandes différences et de caractère et de tendances politiques, mais je soutiens que ce qui importe à la France, avant tout, c'est d'avoir une administration durable et suivie dont l'existence ne mette pas chaque jour toutes les questions en suspens. La France, en effet, renferme en elle-même, et en dehors du ministère, tous les germes de prospérité, de développement et de progrès; elle est comme un convalescent robuste qui n'a plus besoin de remèdes, mais qui a besoin de calme et de repos. Si donc nos hommes politiques n'ont pas assez de patriotisme, d'abnégation pour renoncer à une guerre impie, renonçons, nous du moins, à leur servir de soldats; acceptons le ministère, non parce qu'il est composé d'hommes de notre choix, mais parce qu'il existe et que nous sommes las des changemens. Voyez ce qui s'est passé dans les Chambres : M. Molé y a obtenu des voix nombreuses; M. Thiers ensuite; M. Guizot aujourd'hui. Nos représentans ont eu besoin de trois années pour comprendre qu'à défaut de transactions entre des nuances qui se touchent de si près, le gouvernement constitutionnel devenait impossible; ils ont cédé; l'expérience qu'ils ont faite, nous la payons et la paierons long-temps encore; mais, grands dieux, ne la recommençons pas!

Or, qu'arrive-t-il? un ministre des finances, pour obéir au pouvoir législatif qui, en définitive, jugera s'il s'est trompé, ordonne une mesure; aussitôt, d'un bout du royaume à l'autre, les conseils municipaux s'agitent et recommencent contre le pouvoir cette guerre opiniâtre à laquelle, par lassitude, par impuissance de mieux faire, la Chambre a renoncé... Que peut-il résulter d'une semblable lutte, sinon un surcroît de gêne et de dépense?... Pense-t-on que les commissaires royaux, les préfets provisoires, les généraux et les soldats puissent se déplacer sans obérer le trésor ? — Qui ne sait que le plus mauvais de tous les gouvernemens, le gouvernement despotique, est pourtant le meilleur marché, parce que tout le monde obéit..., et qui ne voit que celui où chaque citoyen résiste doit finir par être le plus cher ?

Il n'a fallu rien moins que ces diverses considérations pour me porter à adopter une mesure contre laquelle l'opinion publique était prévenue. L'opinion publique juge avec équité les faits passés ; elle s'égare quelquefois dans les premiers momens. J'avais cependant espéré qu'on ne pourrait se méprendre sur les motifs qui avaient déterminé mon vote. Il paraissait difficile, en effet, qu'un contribuable placé dans une des catégories désavantageuses dont j'ai parlé plus haut, qui ne touche et ne touchera jamais un centime du trésor, pût être soupçonné de ne pas chercher à diminuer avant tout les charges publiques. Mais le malheur des hommes placés par leurs opinions en dehors du parti auquel ils semblent devoir appartenir, sera toujours de rencontrer des juges sévères. Il faut donc une conviction arrêtée, je dirai presque du courage, pour passer outre, et conserver envers et contre tous la pleine et entière liberté de son jugement, l'indépendance de sa pensée.

Je ne me dissimule pas le faible intérêt que peut avoir pour le public la certitude du plus ou moins de sincérité d'une opinion individuelle ; toutefois, si la société politique qui cherche à s'établir en France parvient à se consolider, si elle porte tous les fruits que l'on en doit attendre, ce ne sera qu'autant que chaque citoyen attachera la même importance à sa réputation de probité politique, que les gens d'honneur en attachent à leur réputation de probité privée. J'aime donc mieux courir la chance de donner quelques explications superflues, que de m'exposer à celle d'être mal jugé à cause de mon silence.

Il y a trois ans, j'ai écrit quelques pages dans lesquelles j'expliquais les motifs de mon adhésion, dès leur origine, à la révolution et à la dynastie nouvelle; j'ajoutais « que je voulais rester en dehors des faveurs du pouvoir et ne pas franchir le seuil des Tuileries. » Cette déclaration pouvait paraître inutile, puisque nulle faveur ne m'était offerte; elle avait même l'inconvénient de ressembler à un blâme adressé à ceux qui avaient agi autrement que moi; elle pouvait encore être prise comme une marque d'éloignement pour une famille auguste, qui sera louée par l'histoire autant qu'elle est calomniée par les partis; néanmoins, cette déclaration, je n'ai pas hésité à la faire, parce que j'ai voulu constater, avant tout, mon indépendance absolue. J'ai donc eu lieu d'être surpris, lorsque j'ai vu *la Guienne* me désigner dans un article où elle accusait les membres du conseil municipal d'obséquiosité vis-à-vis le pouvoir. Le droit de critiquer les actes d'un homme public, si peu importantes que soient ses fonctions, est pour un journal le premier des droits; mais il ne peut avoir celui de prêter des sentimens bas et obséquieux à ses adversaires. Au reste, dans cette guerre de plume, les injures, les mots hasardés retombent à la longue sur ceux qui les emploient; la vérité claire et précise est la seule arme qui porte. Je ne répondrai donc rien aux censures publiques ou privées dont j'ai pu être l'objet. Je me contenterai de dire tout haut ce que je pense.

Appartenant à une famille dont le royalisme était connu, appréciant sous un point de vue différent les causes et les suites de la révolution, j'ai cru que je devais renoncer à toute carrière avantageuse, afin qu'on ne pût attribuer à l'ambition cette divergence d'idées. J'en avais excepté d'abord la carrière militaire, parce qu'elle est celle des hommes désintéressés. Des considérations privées m'ont engagé, en 1831, à demander mon inscription au rang des officiers disponibles. Or, depuis cette époque, j'aurais pu mettre à profit mon obséquiosité envers le pouvoir; on sait les avancemens rapides de quelques jeunes gens dans la diplomatie et l'administration, alors que tant de places furent sans titulaires. Peut-être même aurais-je pu compter sur une protection puissante : le roi avait rappelé avec bonté, sous la restauration, à un membre de ma famille, le souvenir de mon aïeule qui fut dame d'honneur et amie de la duchesse de Penthièvre, grand'mère de ce prince. Or, la pensée de faire revivre ce souvenir flatteur ne me vient qu'aujourd'hui où elle peut me servir à prouver mon entière indépendance. Je crois, en effet, que, dans un pays libre, on peut défendre la royauté sans entrer dans le palais des rois, comme on peut aussi servir l'État sans accepter des fonctions salariées, et quelquefois même avec plus d'efficacité, en dehors de toutes fonctions, car les efforts tentés sur l'opinion publique, si faibles que soient les résultats, acquièrent une importance relativement plus grande lorsque celui qui écrit n'a pas ses propres actes à défendre.

S'il est maintenant des esprits positifs qui ne puissent admettre une opinion désintéressée, je leur avouerai que la mienne est guidée par un puissant intérêt, et cet intérêt le voici : Je suis de ceux qui n'ont admis que dans leur première jeunesse cette éternelle fable de l'âge d'or, reçue comme une vérité par presque tous les hommes sur le déclin de leurs jours. En d'autres termes, mon admiration pour le passé, mes dédains pour le présent s'arrêtèrent bientôt, non devant l'examen superficiel de quelques grands faits cités par tous et répétés vingt fois, mais devant la comparaison aussi exacte qu'il m'a été possible de la faire entre l'homme des sociétés anciennes et le citoyen soumis à nos lois.

A aucune époque, en effet, la pensée fut-elle plus véritablement libre, l'homme plus indépendant du caprice de l'homme, la raison plus au-dessus des préjugés, les citoyens plus à l'abri des erreurs du pouvoir, qu'ils ne le sont aujourd'hui ?... Sans doute, la pensée peut songer à rompre encore quelques fragiles liens; le faible peut désirer une protection plus complète ; la raison a bien des degrés à franchir, et la science du gouvernement bien des progrés à faire. Mais là n'est pas la question ; il s'agit de nous montrer et de *préciser* une époque dans le passé préférable dans son ensemble à l'époque actuelle, où les citoyens se soient trouvés plus égaux et plus libres, où le pouvoir à la fois se soit trouvé plus fort. Les fiers contempteurs de notre civilisation hésiteraient, sans nul doute, s'il leur était donné de remonter le cours des âges, sans qu'il leur fût permis de choisir en même temps, pour vivre dans ce passé, une des rares positions privilégiées qu'on y trouve.... Et que l'on ne me suppose pas la folle et injuste pensée de vouloir rabaisser ce passé; autant qu'un autre j'ai cherché à en connaître la gloire, et autant que qui que ce soit j'en apprécie le véritable mérite et en vénère les grandeurs.... Mais lorsque des hommes, animés par un esprit de parti aveugle, cherchent à renverser la société ou à comprimer son légitime essor, il est bien permis de leur dire et de leur prouver que les générations présentes peuvent se comparer sans crainte à celles qui ne sont plus.

Ces considérations générales, appuyées par des faits de détail sans nombre, m'ont porté depuis long-temps à regarder l'établissement du régime constitutionnel comme un bien pour ma patrie; et l'intérêt puissant qui m'y rattache, je le partage sans doute avec tous ceux qui préfèrent l'ordre au désordre, les avantages dont jouit un peuple soumis aux lois aux maux réservés à ceux qui obéissent aux passions de la foule, ou se courbent sous la volonté d'un seul.

Si l'étude du passé nous fait aimer notre constitution, l'état des peuples qui nous entourent doit nous y attacher davantage encore. En jetant les yeux sur eux, nous voyons : Le peuple russe esclave, et des hommes vendus comme on vend des troupeaux; les grands, esclaves eux-mêmes, condamnés sans jugement aux mines de la Sibérie, exilés, dépouillés de leurs terres pour avoir embrassé la foi qui n'est pas celle de leur souverain;

L'Espagne, réduite depuis long-temps par la mauvaise administration de ses rois absolus à un état de faiblesse qui contraste péniblement avec la puissance et l'éclat dont elle a brillé pendant les seizième et dix-septième siècles, condamnée aujourd'hui à conquérir, au milieu des divisions civiles, un gouvernement régulier qui puisse lui faire rendre un jour la place qui lui appartient à la tête des nations, et plus à plaindre, plus embarrassée mille fois d'avoir à lutter contre la paresse et l'ignorance, qui lui furent léguées par les régimes passés, que d'avoir à réunir dans un seul et même parti national les nombreuses factions qui la déchirent;

L'Angleterre, la seule puissance qui mérite d'exciter notre envie, forcée néanmoins, sous peine de voir sa vieille constitution réduite en lambeaux, d'opprimer les catholiques, de payer à ses ministres anglicans des dîmes exorbitantes, et d'acheter publiquement avec de la viande et de l'or les voix d'hommes libres, comme on achète et comme on nourrit ailleurs le corps de ceux qui ne le sont pas !...

Et ces fiers républicains de l'Union que l'on nous présente comme modèles, sont-ils bien d'accord avec leurs principes, eux qui, dans les Etats du midi, maintiennent l'esclavage, et dans les Etats du nord traitent les hommes de couleur avec un cruel dédain? Placés cependant dans des conditions qui rendent le gouvernement plus facile, peuple nouveau, chez eux n'existent pas ces vieux levains de discorde qui viennent en France jeter la défiance entre les citoyens animés des mêmes intentions... Triste héritage, en effet, de nos guerres civiles, les souvenirs d'un temps de lutte font ressentir leur fâcheuse influence encore aujourd'hui où la loi nouvelle a sagement confondu des intérêts qui furent ennemis..... Mais les Américains n'ont pas eu ces difficultés à surmonter, ils ont de plus l'avantage d'être entourés de terres fertiles et inoccupées ; de sorte que l'excès de population, qui peut être une cause de trouble dans un pays restreint, est pour eux une source de richesses nouvelles. Attendons, d'ailleurs, pour porter un jugement définitif sur ce peuple, déjà grand sans doute, attendons qu'il soit entouré de voisins jaloux et puissans ; attendons qu'il ait soutenu une guerre longue et opiniâtre; attendons, en un mot, qu'il ait comme nous ses ruines, pour préférer à la nôtre la cité nouvelle que son génie en fera sortir !...

Si, après avoir examiné ces peuples divers dont l'existence est tranchée, nous portons nos regards sur l'Allemagne, nous verrons : une nation soumise à vingt princes différens, dont le gouvernement est paternel, il est vrai, mais rendu facile par le bon sens, la patience et la sagesse proverbiale du peuple de ces contrées.

En jetant un dernier coup-d'œil sur l'Italie, nous trouverons Gênes et Venise déchues, la Lombardie soumise, et les Romains avilis.

A Rome, existe cependant, dans toute sa puissance, le gouvernement rêvé par les absolutistes, unité de foi, unité de pouvoir; d'où vient donc que ces conquérans du monde n'ont pu conquérir chez eux la sécurité des grands chemins? d'où vient que des plaines jadis cultivées sont incultes aujourd'hui? d'où vient enfin cette foule de mendians qui surgit au milieu de ces restes de grandeur et de pompe?... Les causes en sont nombreuses; mais la première et la principale de toutes, c'est que la liberté manque aux descendans de ceux qui furent les maîtres de la terre... La liberté, principe de quelques passions funestes, mais aussi la source de tous les biens; elle qui, depuis son apparition en France, a vu sous son égide des terres incultes ensemencées, des chaumières remplacées par des habitations saines et commodes, des routes percées, des marais desséchés, en un mot, plus de travaux utiles et glorieux qu'il n'en a été fait dans aucune des périodes de nos annales. Ainsi, cessons de tourner contre nous des armes homicides; améliorons, mais avec assez de prudence pour ne pas le détruire, un état social que les peuples anciens n'ont pas connu et que les peuples nos voisins nous envieront long-temps encore.

Que ceux qui souffrent au milieu de nous jettent des plaintes, elles peuvent être souvent légitimes; on doit les écouter, chercher à les secourir. Si les destinées de la nature humaine lui permettent de se débarrasser un jour du cilice de misère qui jusqu'ici s'est attaché à elle sous toutes les formes politiques, l'ordre, la paix, le développement progressif de nos lois civiles, peuvent seuls amener cet immense progrès; mais si ce progrès est possible, c'est à condition que l'ordre et la paix seront maintenus : il faut donc chercher à les conserver, et les défendre contre ceux même qui se font une arme des souffrances du peuple pour détruire le seul moyen que l'on puisse concevoir de les faire cesser ou de les soulager en partie.

Pendant la guerre, en effet, si le riche manque du superflu, le pauvre manque du nécessaire; si le désordre et l'anarchie viennent se joindre à ce premier fléau, sa misère est à son comble. En 93, les riches furent persécutés, beaucoup de fortunes furent bouleversées, toutes furent ébranlées; le peuple commanda et agit en souverain, eh bien! jamais à aucune époque ses souffrances n'ont été plus complètes, plus générales, son dénuement plus absolu. C'est qu'il existe une première condition du bien-être de tous; cette condition, c'est l'ordre, la conservation... Celui qui détruit commet un crime contre l'humanité, parce que le temps et le travail employés à réparer le désordre auraient pu l'être à créer des ressources nouvelles. Combien de malheureux seraient et vêtus et logés, si des conquérans anciens ou des vandales modernes n'avaient anéanti en un seul jour le travail de plusieurs années!... Ces réflexions peuvent paraître inutiles, car tout le monde les a faites et elles n'ont pas empêché jusqu'ici les hommes de se livrer à l'instinct du mal qui est en eux. Néanmoins, une vive répulsion se montre dans l'esprit public contre les destructeurs dès qu'ils apparaissent; pourquoi donc renoncer à l'espoir de voir cette répulsion grandir assez pour rendre la destruction impossible?... et si c'est un rêve, prolongeons-le du moins de tout notre pouvoir, afin que, si l'heure des combats sonne un jour, la responsabilité des malheurs publics retombe sur la conscience de ceux qui auront provoqué les tempêtes.

Mais comment se fait-il que les écrivains qui tiennent dans leur main l'arme puissante de la pensée ne voient pas le noble usage qu'ils en pourraient faire en augmentant à la fois leur légitime influence, si, au lieu de condamner la révolte par quelques paroles menteuses immédiatement suivies d'autres paroles faites pour la provoquer, ils employaient sincèrement leurs efforts à la rendre impossible? Rentrant ainsi dans le domaine de la discussion, il n'est pas une pensée juste et utile, si contraire qu'elle soit aux idées reçues, qui ne dût un jour être adoptée. Car la presse est un levier puissant; élément social à peu près inconnu jusqu'à nous, ayant sa source *dans les facultés de l'âme*, son effet définitif doit être le triomphe de la pensée sur la force brutale; et lorsqu'elle renie son origine élevée pour faire un appel à la violence, elle fournit des armes à ses ennemis.

C'est un immense problème que celui de savoir si une organisation régulière de la société et la liberté de la presse peuvent marcher de front. Si cet accord est possible, la raison doit finir par l'emporter sur l'erreur; car le bon sens et la justice *sont aussi des facultés de l'âme*, et leur triomphe, utile à tous, doit suivre celui de la pensée sur la force matérielle.... J'ai hâte de terminer ces considérations générales qui peuvent fatiguer les esprits positifs, car je suis aussi de ceux qui aiment les raisonnemens suivis d'une conclusion immédiate et pratique.

Tout le monde se plaint en France de la confusion des idées... on en recherche les causes... La plus active de toutes, à mes yeux, est la marche illogique adoptée par le parti légitimiste. Ce parti, en effet, qui renferme des élémens d'ordre nombreux, ne signale son existence que pour arriver presque toujours en aide aux désorganisateurs.

Or, un état social quelconque doit être constitué de manière à pouvoir résister aux attaques de ceux qui souffrent, de ceux dont j'ai parlé plus haut, incapables en général de se rendre compte des principes sur lesquels toute société repose, incapables surtout de juger si l'état qu'ils veulent atteindre ne sera pas plus fâcheux que celui qu'ils essaient de fuir. Leur hostilité est naturelle. Le gouvernement doit, autant qu'il le peut, venir à leur aide, les guider avec prudence, et cependant les contenir. Cet obstacle n'est, après tout, que celui qu'ont rencontré tous les gouvernemens. Mais lorsqu'une société ne reconnaît d'autres différences entre les citoyens que celle de la fortune; si ceux qui jouissent de ses faveurs et des nombreux avantages qui en sont la suite dans un pays où la civilisation est avancée, si, dis-je, ceux-là sont les premiers à faire à cette société une guerre ardente, il y a évidemment perturbation morale, et la perturbation matérielle ne saurait être loin !... Or, c'est en France que ces choses se passent; c'est le parti royaliste qui s'est chargé de donner au bon sens et à la raison pratique un éclatant démenti.

On vous dit, il est vrai, que l'on doit obéissance et respect à la vieille race de ses rois, qu'il est beau de rester fidèle au malheur, et que son culte est celui des âmes élevées... Sans doute, le culte du malheur est un noble culte; mais si vous lui sacrifiez les intérêts de la généralité des citoyens, il devient une idolâtrie, et si vous allez jusqu'à provoquer en sa faveur une guerre civile, il n'est plus qu'un odieux fanatisme... D'un autre côté, avec un peu de mémoire, on se rappellerait que la soumission et le respect du parti royaliste firent souvent défaut à la politique conciliante et modérée de Louis XVIII, et lui manquèrent même assez complétement pendant les dernières années de son règne pour l'entraîner bien au-delà de ses opinions. On se rappellerait encore le peu de sympathie du parti pour M. le duc d'Angoulême, parce que ce prince avait paru adopter les idées de son oncle et traitait avec une prédilection toute particulière les officiers de l'ancienne armée. Ainsi, avec de la mémoire et de la bonne foi, on cesserait de faire de la politique une question de personnes; les princes deviendraient aux yeux de tous ce qu'ils sont réellement, des drapeaux; on renoncerait à accuser ses adversaires d'une odieuse ingratitude et à se targuer d'un généreux dévouement, l'un et l'autre étant beaucoup plus rares qu'on n'affecte de le croire; on renoncerait enfin à la haine aveugle que l'on a vouée à la famille royale et aux injures dégoûtantes dont on l'accable, et, après avoir fait ainsi quelques pas vers la vérité, on serait moins éloigné de l'apercevoir dans tout son jour. Car il est encore en France des personnes aux yeux desquelles la révolution de juillet n'est qu'une révolution de palais produite par des intrigans, une révolution comme on en trouve à chaque page de l'histoire lorsqu'un frère, un parent, mécontent de son souverain, conspire, le renverse et s'assied à sa place. — Si ceux qui jugent ainsi se tiennent pour suffisamment éclairés et ne cherchent pas à s'instruire davantage, ils sont dans les ténèbres et leur vue est arrêtée par un triple bandeau.

Mais pour ceux qui demandent au passé d'un peuple l'explication de son état présent, les influences individuelles s'effacent en partie, l'admiration ou la colère pour certains noms propres diminue, et les révolutions, comme celles de 1789 et 1830, deviennent ce qu'elles sont en réalité, des transformations sociales. Il s'agit donc, avant de combattre ces révolutions, de savoir si vous pouvez et même si vous voulez (puisque beaucoup de légitimistes ne le veulent pas) combattre ces transformations.

J'insisterai sur ce point, car il me semble devoir être la base de toute opinion raisonnée, et c'est pour l'avoir mal compris, sans doute, que quelques royalistes ont adopté cette politique anti-nationale, et, qui pis est, anti-sociale, dont la France a plusieurs fois depuis onze ans ressenti les funestes effets.

Non! les révolutions qui ont agité notre patrie depuis cinquante ans ne sauraient être attribuées seulement à l'égoïsme et à la cupidité de quelques ambitieux...; elles sont le résultat de forces vives et nouvelles qui ont dû prendre en main les destinées de la France; elles sont la suite d'un régime usé dont les appuis vermoulus n'ont servi qu'à accélérer la chute. Consultez les écrits de Lally-Tolendal, Bergasse, Mounier, le comte d'Antraigues, dont le parti royaliste ne peut sans injustice méconnaître la bonne foi; adressez-vous à des hommes de l'ancien régime pur, tels que le prince de Ligne ou le baron de Bezenval; approuvez ou condamnez leurs opinions, peu importe, mais reconnaissez la conclusion inévitable qui en découle, la nécessité d'une révolution...; sinon, niez aussi l'enchaînement éternel des idées et des faits, la vérité la moins contestable dans l'ordre historique, puisqu'elle repose sur des observations que tout le monde a pu faire.

Ainsi donc, amis ou ennemis de cette révolution, cessons d'évoquer son souvenir pour en faire entre nous un éternel sujet de discorde. Les hommes qui depuis plusieurs générations l'avaient rendue inévitable, la plupart de ceux qui l'ont illustrée par leurs vertus ou souillée par leurs crimes, ont déjà répondu devant Dieu de la pureté ou de la bassesse de leurs intentions. Pour nous, rappelons-la seulement afin d'examiner dans quelles conditions nouvelles elle a placé en France le pouvoir social.

Le pouvoir, avant 1789, avait pour base, pour point de départ, *la conquête*. Une entière fusion s'était opérée, il est vrai, entre les races franques, gauloises et gallo-romaines ; les familles avaient une origine commune, puisque les plus anciennes perdaient les traces de la leur à une époque séparée par plus de quatre siècles de celle de l'invasion. Mais le pouvoir avait été transmis de dynastie en dynastie, sans changer son principe; de sorte que ses agens et tous ceux qui avaient acquis ou hérité d'une part quelconque de ce pouvoir, l'exerçaient et le faisaient sentir au nom du droit de conquête. C'est à cette cause, sans nul doute, qu'il faut attribuer la tendance hostile qui se développe si promptement en France contre un pouvoir quel qu'il soit, tendance aussi absurde, aussi déplorable dans un pays libre, qu'elle est simple et naturelle dans un pays soumis par la violence. Mais dans cette occasion les effets ont survécu aux causes; la nation française a recouvré son indépendance, et elle sera peut-être long-temps encore à comprendre que le plus sûr garant de la liberté vient du respect que les citoyens ont pour le pouvoir.

On trouvera sans doute que je vais puiser à des

sources bien éloignées les causes qui doivent expliquer les opinions vivantes ; et cependant la plupart de nos usages, de nos cérémonies, de nos superstitions ont une origine encore plus reculée, et remontent au paganisme. Car les événemens qui changent l'existence d'un peuple ou fondent une société nouvelle ont sur leur avenir une influence incessante, alors même que ces événemens sont en quelque sorte oubliés.

Voilà plus de six cents ans que l'Irlande a été donnée, par les papes Adrien IV et Urbain III, à Henri II, roi d'Angleterre, et soumise par ce prince, et après six cents ans nous la voyons frémir sous le joug.

L'Espagne servira mieux encore à prouver ce que j'avance : aussitôt après qu'elle eut été vaincue par les Sarrasins, quelques chrétiens des Asturies commencèrent, sous la conduite de Pélage, une lutte qui, après avoir duré près de huit siècles, fut terminée par Ferdinand le Catholique, qui prit Grenade et mit fin à la domination des Maures. Ainsi, la nation espagnole a été conquérante, au lieu d'être conquise. Examinons les résultats. Le laboureur castillan dit et pense qu'il est aussi noble que le roi. En effet, pendant des siècles, il a eu et les mêmes intérêts, et les mêmes adversaires, et la résistance que le montagnard des Asturies a opposée aux infidèles est même plus ancienne que la royauté. Aussi, de nos jours, lorsque les Espagnols sont venus demander aux révolutions une forme de gouvernement qui pût les faire sortir de l'état de torpeur dans lequel l'ancienne monarchie les avait laissés tomber, ne remarquez-vous combien leurs troubles civils ont eu un caractère différent des nôtres? ne voyez-vous pas la plupart des grands d'Espagne prendre parti pour la révolution? et au milieu de ces scènes d'anarchie populaire, à quelques égards semblables aux nôtres, retrouvez-vous cette colère contre le passé et ce besoin d'en détruire jusqu'aux souvenirs les plus inoffensifs?... Eh bien! ces différences marquées sont la suite de celles qui existent entre les événemens qui ont fondé les deux nationalités. D'un autre côté, les Espagnols, ralliés au nom du christianisme contre l'ennemi commun, ont dû vénérer la croix, non-seulement comme le symbole de leur foi, mais aussi comme l'étendard de leur indépendance; par suite, le clergé a dû prendre de l'empire sur les esprits, accumuler facilement de grandes richesses, et établir en sa faveur les abus contre lesquels luttent aujourd'hui les réformateurs. Enfin, l'Espagne ayant long-temps vécu partagée en royaumes distincts, la difficulté de la soumettre à une loi uniforme en est la conséquence.

On le voit donc, partout les événemens du jour se lient d'une manière intime à ceux du passé. Cette vérité admise, la révolution française cesse d'être un chaos où les esprits s'égarent, où le juste et l'injuste demeurent confondus; elle n'est plus que la conséquence d'un état social où la royauté, privée de ses anciens appuis d'hiérarchie militaire féodale, s'est trouvée en présence d'une nation riche, puissante et éclairée, à laquelle elle commandait au nom d'un principe qui ne se défend que par la force. Je sais qu'on invoquait en sa faveur une prescription de plusieurs siècles, une hérédité glorieuse : ces motifs, puissans et vénérés chez tous les peuples, sont devenus une des grandes difficultés de la révolution ; mais ils ne sauraient empêcher le principe de la conquête d'être un point de départ vicieux, parce qu'on ne peut admettre comme basée sur la justice une société où des hommes ont été soumis par la violence à d'autres hommes, et, en second lieu, parce que, lorsque le temps vient effacer entre les citoyens cette division d'origine, le pouvoir et ses agens en demeurent la personnification vivante.

Si, en 1789, la royauté eût pleinement remis ses droits entre les mains de l'Assemblée nationale, et si cet exemple eût été suivi par ceux qui conservaient encore une partie du pouvoir, une transaction pacifique eût été possible. Cette supposition peut être considérée comme inadmissible, j'en conviens, les hommes ayant rarement cédé par raison ce qu'ils croient pouvoir conserver par la force, et n'ayant jamais non plus acquis de droits nouveaux sans en user avec licence.

Mais ce qui est hors de doute, ce qui est positif, ce qui devrait être évident même aux yeux de ceux dont l'esprit sommeille, c'est que, la lutte une fois engagée, la révolution accomplie, l'ère nouvelle, le point de départ de tout gouvernement en France doit être cette révolution, parce qu'avec elle ont pris naissance, parce que sur elle reposent les droits civils et politiques de la généralité des citoyens, parce qu'elle efface les derniers souvenirs, les dernières traces de servitude que l'invasion des Francs avait laissées après elle!... Et si le retour du duc de Bordeaux est à jamais impossible, c'est parce que ce prince, d'abord par sa naissance, mais bien plus encore à cause des fautes de ses partisans, représente la contre-révolution, ainsi que la série d'opinions, d'intérêts et de sentimens qui en sont la suite et pour lesquels l'antipathie de la nation ne saurait être douteuse.

En 1814, cependant, l'union de l'ancien et du nouveau régime a été, ce me semble, possible; Louis XVIII rentrait en France par suite d'événemens auxquels il était en quelque sorte étranger; les rois de l'Europe ne s'étaient point ligués pour lui ni contre la France, mais pour défendre leur indépendance contre Napoléon. Louis XVIII, en consacrant dans la Charte la plupart des actes de la révolution, indiquait qu'il voulait devenir le chef de la France nouvelle; avec de la sagesse de part et d'autre on eût pu s'entendre, elle a manqué des deux côtés; les royalistes n'ont point eu de repos qu'ils n'aient vu au pouvoir le ministre qui avait long-temps refusé de prêter serment à la Charte; ils ont ainsi remis en présence le principe de *l'ancienne souveraineté royale* et celui de l'indépendance de la nation, la révolution et la contre-révolution : le résultat de la lutte ne s'est pas fait attendre.

J'ai dit *l'ancienne souveraineté royale*, parce que celle qui repose sur la Charte, et en faveur de laquelle les hommes qui défendent aujourd'hui la monarchie veulent fonder une légitimité nouvelle, cette royauté, dis-je, s'appuie sur l'utilité de l'existence pour une société d'un pouvoir permanent et héréditaire, tandis que l'autre s'appuyait sur un droit supérieur à celui de la société...

Avec la Charte, les rois sont parce que les peuples ont besoin d'eux; avec le droit divin et la conquête, ils possèdent les peuples.

On a argumenté sans relâche sur ces deux principes, la souveraineté du peuple et le droit divin; l'un et l'autre, interprétés d'une manière absolue, sont également absurdes. Ainsi, il est aussi fou de croire à la marche régulière d'un gouvernement où le peuple exercerait une souveraineté immédiate et continue, qu'il est déraisonnable de soutenir que, dans aucun cas, une nation n'a le droit de se soustraire à l'autorité royale. Si Louis XIV, au lieu d'exiler les calvinistes et de les forcer à confier leurs enfans en des mains étrangères, eût voulu, à l'exemple d'Henri VIII, détruire la religion catholique, aurait-il fallu lui obéir ?... Et si Henri IV, de son côté, n'eût pas voulu renoncer à la religion dans laquelle il avait été élevé, pense-t-on qu'il eût pu, malgré son titre de roi légitime, régner paisiblement sur les catholiques?... Non, sans doute; aussi est-ce remplir un rôle de sophiste que de poser en politique des principes abstraits, et de soutenir à une société qu'elle doit en subir les conséquences extrêmes... Les seuls vrais principes sont ceux qui sont conformes aux intérêts moraux et matériels des peuples, et ces derniers varient suivant les lieux, l'époque, le degré de civilisation et de lumières. Le parti qui défend avec le plus de chaleur en France la cause de l'Eglise romaine, et qui vante la fixité de ses doctrines, oublie-t-il le temps où les papes faisaient assez peu de cas de la légitimité et de l'hérédité royales, pour prétendre qu'eux seuls avaient le droit de déposer ou de confirmer les souverains...; et ces mêmes hommes qui repoussent en France la révolution de juillet n'auraient-ils pas, s'il eussent été en Belgique, préparé, aidé et approuvé avec les catholiques belges la révolution de septembre? Lors donc que l'on met en avant des abstractions politiques rigides, invariables, on fait mentir l'histoire, on s'aveugle sur le présent, on se trompe sans doute encore pour l'avenir.

Parmi les questions que les hommes ont le droit de résoudre, la vérité absolue n'existe qu'en mathématique; dans toutes les autres, le bon sens, la droiture de cœur, l'expérience et l'étude sont les seules sources où ceux qui ont le désir d'être justes, où les bons citoyens peuvent puiser leurs convictions.

En observant les intérêts divers qui existent au milieu des sociétés, en pensant à la nature composée de l'homme lui-même, on conçoit comment ces deux principes de la souveraineté du peuple et de la souveraineté royale, qui paraissent ennemis, peuvent cependant, par leur mélange, parvenir à conserver la paix entre des intérêts rivaux, à satisfaire des tendances opposées. En voyant ensuite quels malheurs l'excès de chacun de ces principes peut faire subir à une nation, on devient partisan de l'hérédité royale en haine de l'anarchie; on s'attache aux droits de la nation pour éviter le despotisme. La Charte, d'ailleurs, est le contrat sacré qui pose des limites aux prétentions exagérées, de quelque côté qu'elles viennent. Ainsi donc, que ceux qui veulent voir les lois triompher sur les passions et les partis, n'hésitent pas à se rallier autour d'elle.

Dans un pays où la pensée est libre, les opinions varient à l'infini; les esprits, comme les physionomies, ont un cachet particulier, et la diversité des jugemens en est la conséquence inévitable.

Dans un tel pays, les hommes qui veulent éviter la confusion des idées doivent se rattacher hautement à la constitution, lors même qu'elle ne serait pas en tout conforme à leurs pensées. Celle qui nous régit n'est pas ancienne, c'est un malheur sans doute, mais de nouveaux changemens ne sauraient être le moyen de donner à notre loi fondamentale l'utile sanction du temps.

Les modifications qu'elle a subies ne doivent nullement décourager ses partisans fidèles. La grande Charte anglaise, dont les développemens successifs ont fait la puissance et la gloire des Etats britanniques, a été modifiée souvent et ratifiée trente-deux fois, quatre fois par Henri III, deux par Edouard I.er, douze par Edouard III, sept par Richard II, six par Henri IV et une par Henri V; et ces ratifications, que l'on peut considérer comme des indices de mobilité, — car à quoi sert de confirmer ce qui existe de plein droit? — ces ratifications, dis-je, n'ont pas empêché la grande Charte de servir d'égide pendant plusieurs siècles aux destinées de l'Angleterre, et d'être encore aujourd'hui la base sur laquelle reposent sa puissance et son avenir.

Les légitimistes ont une singulière manière de raisonner : ils font souvent ressortir, et quelquefois avec justice, les défauts du gouvernement actuel en le comparant à celui de la restauration, puis à tout propos ils ne manquent pas de vous dire que la

Charte de 1814 est l'œuvre des doctrinaires. Ils ne voient donc pas que, par cela seul, ils renient la restauration, puisque cette restauration n'a vécu qu'avec la Charte et n'est tombée que le jour où elle l'a foulée aux pieds. Ainsi, le crédit public rétabli, la paix maintenue entre les intérêts de l'ancien régime et les intérêts nouveaux créés par la révolution, l'ordre légal assuré, la liberté de la presse essayée, tous ces biens que nous devons à la restauration et à la Charte, nous les devons aux doctrinaires !

Car qui peut prévoir, ou plutôt qui ne prévoit le sort et la durée de la restauration sans la Charte, si dès son avénement elle eût été confiée aux hommes entre les mains desquels elle a succombé ?

Lorsqu'on a traité comme des ennemis les électeurs qui, en 1827, nommaient sept fois député M. Royer-Collard, ce partisan fidèle des Bourbons pendant leur exil, on a cédé à des influences tellement absurdes que l'on devait arriver, de conséquences en conséquences, à l'illogique position dans laquelle les journaux royalistes veulent aujourd'hui renfermer leur parti.

Que voyons-nous en effet depuis 1830 ? nous voyons le gouvernement vivement attaqué par les radicaux, qui lui reprochent, ou lui ont reproché, de n'avoir pas repoussé tous les hommes qui, de près ou de loin, tenaient à la légitimité, de n'avoir pas réprimé assez vigoureusement les insurrections de la Vendée, de n'avoir pas déclaré la guerre à tous les rois...; ou bien, d'avoir protégé les ministres de Charles X contre les effets de la justice populaire, d'avoir fait déclarer que la religion romaine était celle de la majorité des Français, d'avoir enfin toléré avec faiblesse les attaques de quelques-uns des membres du clergé... Or, les auxiliaires des radicaux dans presque toutes les occasions, ceux qui leur donnent leurs voix ou grandissent leur influence, quels sont-ils?... tout le monde les a nommés... Eh bien! je le dis avec conviction, une telle conduite est déloyale et ne saurait être trop énergiquement flétrie; on ne voit pas, d'ailleurs, où elle peut conduire, car, si on sait ce que les feuilles royalistes ne veulent pas, il est bien difficile de dire ce qu'elles veulent... Toutes ont rejeté avec dédain la Charte de Louis XVIII; voilà donc cette Charte jugée... et parmi les plans nombreux présentés par leurs publicistes, on trouve une contradiction constante et un vague indéfini.

En entendant les déclamations journalières de ces tribuns d'un nouveau genre contre le gouvernement actuel et la société, on se demande vers quelle perfection passée se tournent leurs regards... Regrettent-ils, par exemple, que le roi constitutionnel ne puisse pas, ainsi que le fit Louis XIII, répondre aux remontrances d'un chef de la magistrature en le saisissant par le bras et en lui disant : « A genoux, petit homme, devant votre maître! » ou bien trouvent-ils dans la conduite du duc d'Epernon injuriant sur la place publique l'archevêque de Bordeaux revêtu de ses insignes, et faisant voler d'un coup de canne son chapeau sur le pavé, trouvent-ils, dis-je, dans cette conduite une preuve du respect des grands pour la religion et ses ministres? Ce ne sont que des faits isolés, je le veux bien, mais l'histoire en renferme par milliers de semblables, mais on peut citer et en grand nombre des archevêchés, des évêchés, des abbayes dont les siéges restaient vacans et dont les revenus étaient abandonnés aux séculiers... Vous accusez le gouvernement d'être sourdement hostile à la religion, et de tous les côtés on élève des églises nouvelles, on restaure les anciennes; vous dites qu'il n'a point assez d'égards pour les prélats, et vos amis les radicaux soutiennent au contraire qu'il cherche à les gagner par ses avances. Enfin, il n'est pas d'inconséquence à laquelle vous ne soyez condamnés, parce que vos intérêts et vos sentimens vous rattachent aux idées d'ordre, et parce que vos passions vous portent à faire la guerre à un gouvernement qui s'est mis à la tête de ces mêmes idées.

Ce n'est point d'ailleurs aux partis extrêmes, on ne saurait trop le répéter, que fut jamais réservée la gloire de rendre la paix à un pays longtemps agité par les guerres civiles. Les protestans zélés, les ligueurs fanatiques condamnèrent également Henri IV ; et lorsque ce prince répondit au parlement qui s'opposait à l'édit de Nantes : « Ceux qui empêchent que mon édit ne passe veulent la guerre; je la déclarerai demain à ceux de la religion, mais je ne la ferai pas; je les y enverrai »; lors, dis-je, qu'il répondit en ces termes, il donnait une preuve de son éloignement pour les passions violentes qui, depuis un demi-siècle, bouleversaient le royaume.

On vous répète souvent que la sécurité des citoyens est illusoire dans le temps où nous vivons, qu'on attaque le gouvernement dans les rues parce qu'on ne le respecte pas, et que celui-ci apporte dans la répression la violence de la peur et de la faiblesse... Pour toute réponse je citerai un fait : En 1675, au moment de la plus grande puissance de Louis XIV, une sédition éclata dans Bordeaux; la ville, après avoir été agitée pendant plus de huit mois, fut occupée par dix-sept régimens qui y vécurent à discrétion; les jurats se plaignirent en vain des meurtres, des viols et des incendies commis par les soldats; plus de quinze cents maisons furent abandonnées, et les militaires en vendirent les meubles à l'encan... De là ne faut-il pas conclure que le pouvoir absolu ne saurait suffire pour éviter à un pays les commotions populaires, et que, d'un autre côté, la force de ce pouvoir n'est pas à elle seule une garantie suffisante de sa modération, lorsqu'il faut les réprimer ?

Les feuilles légitimistes prouvent d'ailleurs d'une façon toute nouvelle leur respect pour la sécurité publique, en ayant bien soin, dès que le peuple est ému, de remettre sous ses yeux, en les exagérant, les sujets de plainte qu'on peut lui avoir donnés. N'est-on pas édifié, par exemple, de voir la *Gazette d'Auvergne* établir, au sujet des excès de Clermont, une grande différence entre la dévastation et le pillage?... Où veut-on en venir avec de pareils subterfuges? et n'est-il pas temps que les honnêtes gens du parti royaliste reconnaissent dans quelle route on les a engagés?

On a, je le sais bien, une réponse toute prête aux accusations qui précèdent. On vous dit : Nous ne faisons que suivre l'exemple que nous ont donné les hommes qui gouvernent aujourd'hui. Cette excuse ne saurait être valable aux yeux de ceux qui sont animés d'un patriotisme sincère, et qui savent que les vengeances de parti ne s'assouvissent qu'aux dépens de la prospérité publique; elle ne saurait être valable non plus pour ceux qui, ne s'arrêtant point aux apparences, reconnaissent dans les hommes qui font au gouvernement actuel une guerre de renversement ceux-là mêmes qui conspirèrent sous la restauration, esprits inquiets, nés pour l'antagonisme, éternellement condamnés à la contradiction, puisque, s'ils arrivaient au pouvoir, la nécessité les forcerait bientôt à renier leurs propres doctrines; et si quelques-uns de ceux qui soutiennent aujourd'hui les principes d'ordre ont jadis combattu dans leurs rangs, c'est que la restauration leur paraissait hostile aux garanties que la Charte accordait aux hommes et aux idées de la révolution, et les ordonnances de juillet ont assez prouvé que leurs craintes étaient fondées. Enfin, si quelques autres n'ont eu pour mobile que l'ambition et la rapacité, cette espèce d'hommes n'appartient à aucun parti, et le seul moyen d'en diminuer le nombre est d'éviter de nouveaux bouleversemens, du milieu desquels d'autres intrigans surgiraient encore.

Rien donc ne saurait excuser les prétendues représailles de la presse légitimiste; par des ressemblances trompeuses, elle n'a déjà égaré que trop d'opinions honnêtes. Ainsi, elle a dit : Charles X a fait tirer sur le peuple, et on le condamne; Louis-Philippe a fait tirer sur le peuple, et on l'approuve; donc les partisans de la Charte de 1830 ne reconnaissent d'autre loi que la loi du plus fort. Etrange abus des mots! Quoi! lorsque le roi fait tirer sur le peuple pour défendre des ordonnances qui détruisent les lois, la Chambre élective et la Constitution, son action est la même que, lorsqu'il fait tirer sur ce même peuple pour défendre les lois, le pouvoir législatif et la Constitution? Il est inutile de discuter, ce me semble, avec les esprits prévenus qui ne saisissent, dès l'abord, la disparité absolue.

Au reste, un homme que la grandeur de son génie élève bien au-dessus des partis, M. de Châteaubriand, a, dans une brochure publiée en 1831, tranché cette question. Il a dit : « Je ne m'apitoie point sur une catastrophe provoquée; il y a eu parjure, et meurtre à l'appui du parjure : je l'ai proclamé le premier en refusant de prêter serment au vainqueur. » Sans doute, les conclusions du grand écrivain sont hostiles à la révolution de juillet ; mais combien il eût été à désirer que les royalistes eussent renfermé leur opposition dans les bornes tracées par leur plus illustre chef ! En parlant du roi, il dit : « Le chef de l'Etat mérite des respects. » En parlant des fonctionnaires qui ont cru devoir continuer à servir leur patrie sous le gouvernement nouveau, il ajoute : « Il est des hommes qui ne pouvaient ni interrompre leur carrière, ni compromettre des intérêts de famille, ni priver leur pays de leurs lumières, parce qu'il avait plu au gouvernement de faire des folies : ils ont agi très-bien en s'attachant au pouvoir nouveau. » Quelle différence de ce langage aux calomnies et aux insultes dont les journaux royalistes poursuivent les fonctionnaires les plus honorables et les plus estimés !.. M. de Châteaubriand explique d'ailleurs les motifs qui l'ont porté à se placer en dehors du mouvement social. « Il n'a pas voulu armer son long passé contre son court avenir : à la tête des jeunes générations, dit-il, je serais suspect ; derrière elle, ce n'est pas ma place. » La presse légitimiste se fait assez souvent un bouclier de son adhésion pour qu'il soit juste de rappeler avec quelles restrictions cette adhésion a été donnée. Si le parti royaliste eût été composé d'hommes aussi véritablement amis d'un sage progrès que l'est M. de Châteaubriand, la révolution de juillet, devenue inutile, n'aurait jamais eu lieu.

Lorsque les argumens des légitimistes sont épuisés, ils ajoutent : Si le gouvernement peut faire, comme on le prétend, le bonheur de la France, en définitive nous ne l'en empêchons pas ; nous nous contenterons d'en douter jusqu'au jour où il nous en donnera la preuve. Cette réponse serait raisonnable si elle était sincère ; mais elle est bien plutôt une sanglante ironie... Quoi! vous ne l'en empêchez pas; et toutes les forces actives du parti sont employées à grandir les obstacles que le gouvernement rencontre, ou à lui en susciter de nouveaux !

Souvenez-vous donc, pour ne rappeler qu'un fait entre mille, combien vous avez contribué au renversement du ministère Molé, de ce ministère qui avait accordé l'amnistie, qui avait fait renaître la confiance, et dont l'existence honorable et conservatrice aurait été assurée pour toute la durée d'une législature, si vos vingt-cinq voix dans la Chambre se fussent réunies à celles qu'il avait déjà.

Ce n'est pas que j'approuve les théories sur le pouvoir royal qu'on lui a attribuées; la fameuse maxime *le roi règne et gouverne* me paraît avoir été interprétée, par quelques-uns de ses partisans comme par la pluplart de ses adversaires, sous ce point de vue absolu qui le plus souvent en politique s'éloigne de la saine raison. Ainsi, je pense que, dans un Etat constitutionnel où le roi aura prouvé, comme l'a fait le roi Louis-Philippe, sa haute sagesse, son courage à la tête de l'armée, son sang-froid en présence des séditieux ou sous le fer des assassins, je crois, dis-je, que, dans un tel Etat, quelle que soit la lettre de la constitution, le roi exercera une grande influence, ses opinions patriotiques correspondront nécessairement à celles d'un grand nombre de citoyens, d'un grand nombre de membres des assemblées législatives, et, par suite, un ministère représentant ces mêmes opinions pourra avoir une forte majorité... Or, dans ce cas, il serait évidemment absurde de combattre ce ministère uniquement parce qu'il serait l'expression de la pensée royale. — Mais, d'un autre côté, si vous aviez pour roi un Charles VI, un Louis XI, ou bien un prince affaibli par l'âge et dominé par un confesseur comme Le Tellier ou par une courtisane comme la Dubarry, que feriez-vous de vos maximes absolues en faveur de la direction politique uniquement confiée au roi, et ne seriez-vous pas heureux de retrouver dans vos majorités parlementaires une sauvegarde contre les erreurs du pouvoir royal ?

Voilà pourquoi cette discussion sur le plus ou moins d'influence du roi dans le gouvernement, posée en termes généraux, est sans issue; elle ne peut avoir une solution rationnelle qu'en précisant une situation quelconque. Eh bien ! dans celle où nous nous trouvions sous le ministère Molé, je crois que les partisans les plus décidés de la prérogative parlementaire pouvaient, sans hésiter, soutenir ce ministère, parce que cette prérogative ne courait et ne court aucun danger, parce qu'il faudrait et une seconde édition des scènes de Saint-Cloud et de nouvelles ordonnances de juillet couronnées de succès, pour que le pouvoir royal pût lutter avec avantage contre une majorité compacte.

L'indépendance de la représentation nationale se trouvant ainsi hors de doute, tous les citoyens qui désirent donner à l'administration la suite dont elle a manqué jusqu'ici, auraient dû réunir leurs efforts pour éviter des changemens inutiles, et les légitimistes qui ont contribué à amener ces changemens n'auraient pas à payer aujourd'hui les nouveaux impôts qui en sont la conséquence.

Je vais être accusé de contradiction, sans doute, puisque je blâme les résultats de la coalition et fais des vœux pour la durée du ministère de M. Guizot : cette contradiction n'est qu'apparente. M. Guizot pouvait avoir raison en défendant contre le ministère du 15 avril son opinion comme thèse constitutionnelle; il avait tort dans l'application, car la prérogative parlementaire n'était nullement menacée. On a donc bien fait de désapprouver alors sa conduite. Mais le parti constitutionnel et modéré ne procède point par exclusion; lorsqu'un homme de la valeur de M. Guizot fait fausse route, il le voit s'éloigner avec regret et ne le suit pas, mais, aussitôt qu'il revient à lui, il le reçoit avec empressement.

Quelles que soient les dissidences momentanées, M. Guizot, comme penseur profond, comme écrivain hors de ligne, comme ministre probe et intègre, comme orateur, est et sera toujours un des chefs les plus distingués du parti modéré.

Les hommes et les factions se renvoient de nos jours, avec une fureur égale, l'accusation d'avoir changé de parti; pour quelques individus elle est vraie, elle est inexacte pour le plus grand nombre. Lorsque l'ennemi est éloigné, on fait usage des armes à feu; lorsqu'il est près, on emploie l'arme blanche : les moyens d'attaque ou de défense ont varié, l'adversaire est toujours le même. La *Gazette de France*, sous la restauration, défendait avec ardeur le pouvoir royal, poussait à l'intolérance religieuse et cherchait à grandir l'influence machiavélique des jésuites; aujourd'hui elle tient un langage diamétralement opposé, cependant ses adversaires sont toujours les mêmes : elle n'a donc pas changé de parti.

Lorsque le *Constitutionnel* attaquait les tendances dominatrices du clergé, il était soutenu par les mêmes hommes qui l'approuvent encore aujourd'hui quand il donne des éloges à ceux des prélats qui cherchent à ramener la religion à ce rôle de conciliation, de désintéressement et de paix prescrit par l'Evangile. On pourrait trouver dans le langage de ce journal une preuve de variation ; elle ne serait pas réelle, car ses adversaires et ses amis sont toujours les mêmes : il n'a donc pas changé de parti.

Des rapprochemens semblables peuvent être faits au sujet de plusieurs hommes politiques; ainsi, pour les juger avec équité, il faut examiner leur vie entière, et ne pas s'arrêter à des contradictions qui, quelquefois, ne sont que dans les mots. D'un autre côté, en arrivant au pouvoir, beaucoup d'hommes voient de près les difficultés qu'ils accusaient leurs prédécesseurs de ne pas savoir surmonter, et de bonne foi ils modifient leurs opinions. On crie alors : Voilà des renégats! Souvent on se trompe; ils ont acquis de l'expérience; mais cette expérience, les administrés la paient, et voilà pourquoi ces derniers sont tout simplement absurdes lorsqu'ils s'entêtent à recommencer chaque jour de nouvelles éducations.

Je crois, avec l'opposition dynastique, que le développement progressif de la démocratie est un des vœux les plus formels de la France; mais je ne vois pas quels changemens réels, quelle lumière soudaine, une nouvelle loi électorale pourrait apporter dans les *élémens* qui composent aujourd'hui et la Chambre des députés et les diverses classes de fonctionnaires, et je ne conçois pas, par conséquent, comment on peut affirmer qu'avec cette loi la France aussitôt serait mieux gouvernée. Le vrai progrès démocratique est celui qui résulte des partages égaux entre les enfans, des fortunes nouvelles créées par l'industrie, et de l'accroissement rapide de la classe estimable des propriétaires cultivateurs, qui ensemencent le sol pour eux-mêmes, par les soins qu'ils y apportent, en doublent le produit. Ces diverses causes tendent bien plus que les lois politiques à niveler les positions, et il me semble que les partisans sincères de la démocratie devraient remarquer la situation exceptionnelle dans laquelle se trouve déjà la société française. Un grand peuple, en effet, a-t-il subsisté avant nous sans nulle hiérarchie entre les citoyens, et surtout avec *la liberté* du travail? Les républiques démocratiques de la Grèce restèrent loin du point où nous sommes arrivés, puisque le travail chez elles fut toujours réservé aux esclaves, et, cependant, l'anarchie accéléra leur chute.

Sans doute, la raison humaine a fait depuis bien des progrès; toutefois, par moment, elle reste voilée. Il faut donc avancer avec prudence dans les routes nouvelles où nous nous sommes engagés, et attendre, pour donner de l'extension au corps électoral, que celui qui existe ait acquis plus d'unité dans sa marche, plus de force et plus de régularité dans son action.

Sans doute, la démocratie est la forme sociale la plus en harmonie avec la loi naturelle, et on doit des éloges aux citoyens qui ont travaillé à assurer une justice égale aux hommes éclairés par un même soleil ; mais on ne doit pas oublier non plus combien est grand le nombre de ceux qui ont abusé des passions de la foule, et porté le trouble au sein d'un état démocratique. Il est si aisé d'y égarer l'opinion ! Voyez avec quelle facilité on est parvenu dernièrement en France à donner le change à l'esprit public : on a dit et si souvent répété que nous étions descendus au rang d'une puissance du second ordre, que beaucoup d'honorables citoyens ont fini par le croire, et se sont sentis émus d'une sainte et patriotique indignation. Eh bien ! je le demande à tous les hommes de bonne foi, supposons un instant nos forces, nos richesses, nos trente-quatre millions d'habitans obéissant à la voix d'un seul, quelle serait la nation dans le monde qui pourrait nous résister? Ainsi, les causes qui diminuent notre prépondérance ne proviennent point d'un défaut de puissance réelle, mais bien de nos divisions civiles ; et ceux que de nobles sentimens portent à être jaloux de cette prépondérance devraient chercher à atténuer ces divisions, au lieu de travailler à devenir les chefs de fractions nouvelles.

D'ailleurs, si les ennemis du gouvernement l'ont accusé, par exemple, de céder souvent à l'influence de l'Angleterre, il est à remarquer que l'opposition dans le parlement anglais a souvent reproché à ses ministres, dans le cours des dix dernières années, de ne pas savoir résister aux exigences de la France.

Un volume ne suffirait pas pour répondre à toutes les accusations dont chaque jour le pouvoir est assailli. Cependant il en est une si bizarre qu'elle mérite une mention particulière.

Une maladie morale connue de tous les temps, le dégoût de la vie, a paru de nos jours faire quelques progrès : savez-vous alors quel est le vrai coupable?... Vous hésitez ? Eh bien! le vrai coupable, c'est le gouvernement... Oui, sans doute, le gouvernement : car n'est-il pas le fils, l'héritier de la détestable philosophie du dix-huitième siècle ? Vous m'objecterez peut-être que le maréchal de Catinat, qui a vécu dans le siècle précédent, fut atteint de cette maladie, et qu'il ne voulut même pas perpétuer sa race, afin, disait-il, de ne pas donner l'existence à des êtres malheureux comme lui; vous me citerez encore l'exemple du maréchal Fabert, qui, comparant à son lit de mort la vie à la chaîne des galériens, dit qu'il considérerait comme son ennemi celui qui chercherait à l'y rappeler; vous m'observerez de plus que ces deux guerriers passèrent pour des hommes d'un grand sens, et qu'ils ne se décidèrent sans doute à porter sur l'existence humaine ce sombre jugement que parce qu'ils avaient rencontré bien des êtres désillusionnés comme eux. Eh bien! tout ce fatras de citations ne prouve pas grand'chose, sachez-le; car, si les maréchaux de Catinat et Fabert furent tristes, c'est qu'ils avaient deviné que leurs arrière-neveux seraient gouvernés par le déplorable pouvoir auquel vous vous êtes soumis. Vous ne paraissez pas convaincu, et vous ajoutez que les souffrances morales dont on se plaint viennent peut-être d'un développement trop rapide et trop général des facultés intellectuelles, et vous dites que le pouvoir ne peut combattre ce développement sans renier la plus noble des causes auxquelles il a dû son origine. Vous soutenez, en outre, que si l'esprit, lorsqu'il est cultivé, se laisse plus facilement impressionner par les dégoûts de la vie, il est plus susceptible aussi d'en apprécier les jouissances élevées. Enfin, vous terminez en disant que les grandes commotions politiques, en rompant de nombreuses carrières, en bouleversant certaines existences, en donnant à de jeunes ambitions des espérances immodérées, doivent nécessairement semer en quantité les désenchantemens et les dégoûts; et vous osez soutenir que le meilleur moyen de guérir le mal, d'empêcher qu'il ne s'étende, consiste à raffermir l'ordre ébranlé, à éviter à la société des commotions nouvelles, et vous allez même jusqu'à penser qu'un fait aussi peu important que la durée d'un ministère constitutionnel suffirait, si cette durée se prolongeait pendant cinq ou six années, pour décourager ces rêveurs ardens qui s'agitent sans succès dans le vague des utopies, et pour leur rendre l'utile service de diriger vers un but avantageux pour l'Etat et pour eux l'énergie qu'ils ont mal employée jusqu'ici. Eh bien ! si ce sont là toutes vos raisons, apprenez qu'elles ne valent pas mieux que les citations qui précèdent, et, afin que vous le reteniez une fois pour toutes, rappelez-vous que ce qui se fait de travers de Perpignan à Lille, de Draguignan à Cherbourg, et même dans une partie du monde connu, doit être attribué presque sans exception à l'ineptie, à la maladresse, au mauvais vouloir du gouvernement; si bien que les légitimistes, qui sont, comme vous le savez, des amis de l'ordre, vous prouveront quand vous voudrez qu'on ne doit pas hésiter, pour délivrer la France de l'influence néfaste de ce pouvoir, à la replacer encore sous la verge sanglante des démagogues.

Après avoir cherché, dans le cours de cet écrit, à faire ressortir les conséquences désastreuses de la politique adoptée par les journaux royalistes, je m'empresse d'ajouter qu'il serait injuste de croire cette politique conforme aux opinions des hommes honorables du parti. Ces derniers voient avec inquiétude les essais tentés par la société française, ils ont peu de foi dans la raison humaine, et par suite peu de confiance dans un système que l'expérience n'a pas encore sanctionné; ils se tiennent donc à l'écart. Cette réserve est honorable, et leur seul tort est de ne pas employer leur influence pour mettre un terme à ce déréglement d'idées, à ces pamphlets quotidiens qui se publient à l'abri de leur patronage ou tout au moins aux dépens de leur bourse. Beaucoup d'entre eux ont, il est vrai, contre la révolution un grief permanent, ils l'accusent d'avoir détruit l'aristocratie à laquelle ils tiennent par goût, par intérêt et aussi par raison politique. Ce grief est en partie basé sur une fausse appréciation des faits.

Tant de causes ont contribué à annuler l'aristocratie, qu'il ne peut entrer dans mon plan d'essayer de les indiquer toutes ici; mais ce que je crois pouvoir affirmer, c'est que la révolution française n'a fait qu'exécuter avec rigueur une sentence depuis long-temps prononcée. La lutte véritable a eu lieu entre les grands vassaux et le roi, et plus tard entre le roi débarrassé des grands vassaux et les seigneurs. Cette seconde période est la seule à laquelle il faille s'arrêter, car c'est pendant sa durée qu'une aristocratie réelle aurait pu s'établir.

Sous Henri III, dans le célèbre combat de Quélus, Maugiron et Livarot, contre Antraigues, Schomberg et Ribérac, les premiers se ralliaient au cri de Vive le roi! et les derniers leur répondaient par celui de Vive la noblesse! Le sens de la lutte est facile à saisir.

Dans l'ensemble des troubles connus sous le nom de guerres de religion, si l'on cherche à se rendre compte du caractère et des tendances des principaux chefs, l'on voit évidemment que les seigneurs calvinistes et ceux du parti de la Ligue furent bien plus guidés par le désir de se rendre indépendans de la royauté, que par celui de réformer l'église ou d'en maintenir les abus.

Henri IV réunit en sa personne toutes les qualités qui attirent; il sut en outre, par l'habileté de sa politique, accoutumer l'aristocratie à supporter un joug léger; Richelieu la dompta par les supplices; elle essaya, mais en vain, de se relever sous la Fronde; Mazarin, par son adresse, Louis XIV, par sa toute-puissance, la réduisirent bientôt à ne posséder plus que des titres honorifiques et des priviléges sans force réelle.

En un mot, elle conserva les faveurs qui la rendent odieuse, sans conserver l'autorité légale, le pouvoir dirigeant qui la rendent utile.

Si, au lieu d'être vaincue dans cette lutte, elle fût parvenue, à l'exemple de l'aristocratie anglaise, à restreindre, avec l'aide des communes, le pouvoir royal à donner à la nation et à elle-même des lois sages et justes, sa position de nos jours eût été toute différente, et peut-être aurait-elle plus fait pour la gloire et la grandeur de la France que n'ont fait et le pouvoir royal et le pouvoir populaire, qui seuls ont gouverné jusqu'ici. Car ma pensée ne saurait être de flatter la démocratie en niant les avantages d'un gouvernement aristocratique. J'ai dit, à la vérité, et je crois que les lois qui nous régissent sont plus justes et plus conformes à la loi naturelle que celles qui ont existé avant nous; j'ai dit, en outre, que le devoir de tout bon citoyen était de concourir au maintien de ces lois et à leur développement progressif; je crois encore que, si ces lois sont renversées, nous serons forcés d'en appeler au pouvoir d'un seul et non au pouvoir de l'aristocratie, car jamais société ne fut moins préparée que la nôtre à subir son influence, parce que l'aversion de la hiérarchie se retrouve partout, et parce que la puissance de l'aristocratie doit en général grandir avec la puissance de l'Etat et confondre ses intérêts avec les siens, tandis qu'en France c'est la marche opposée qui a été suivie.

Mais ces diverses considérations ne sauraient m'empêcher de reconnaître que, jusqu'ici, c'est à la direction de l'aristocratie, à l'esprit de suite et de conservation qui la caractérise, que les nations ont dû le plus de richesse et d'éclat.

L'accroissement rapide de la puissance anglaise depuis la révolution de 1788 en est une preuve frappante. Gênes et Venise n'occupent qu'un point sur la carte du monde, et occupent dans l'histoire une place immense. Enfin, le roi des peuples, le peuple romain fut gouverné par l'aristocratie la plus fortement constituée qui ait jamais existé.

Sans doute, le jugement est choqué au premier abord en voyant ces fortunes colossales appartenant en Angleterre à quelques hommes privilégiés ; mais si l'on remarque à côté deux un nombre infini de simples citoyens plus riches que ceux de tous les autres Etats, et si l'on observe que ces richesses sont dues à la bonne administration des premiers, on respecte alors des priviléges qui servent si évidemment à la prospérité publique.

Qu'importe au démocrate de Venise que les patriciens soient tombés, si la fortune, la gloire et la liberté de la république vénitienne ont disparu avec eux !....

J'ai présenté ces observations, afin de convaincre ceux des royalistes qui font de l'opposition au gouvernement par attachement pour les principes aristocratiques, que l'on peut reconnaître ce que ces principes ont d'avantageux, sans pour cela vouloir en faire à la société française une application intempestive. La démocratie est aujourd'hui la seule force qui lui soit propre. Cette démocratie mobile, balancée par le pouvoir royal et par les hommes vieillis dans la pratique des affaires réunis dans la Chambre des pairs, va peut-être conduire la France vers un avenir heureux et calme. Les progrès rapides faits dans l'ordre matériel en sont un favorable présage.

On a dit de la démocratiequ'elle coulait à pleins bords; cette image est vraie, et j'ajoute : Les débris de l'aristocratie peuvent être comparés à des fragmens de granit; dispersés au milieu des eaux, ils doivent en rendre le cours difficile, soulever les vagues, faire jaillir l'écume, provoquer les naufrages; transportés sur les bords, ils aideront à contenir les flots, ils assureront l'ancre que le pilote emporté par les courans jettera vers le rivage... Entre une influence nuisible, sans résultat possible dans le sens qu'elle poursuit, et entre une influence bienfaisante et conservatrice, le choix ne saurait être long-temps douteux pour ceux que tant de liens, tant d'intérêts, tant de souvenirs rattachent à leur patrie.

En terminant j'adresserai une dernière réflexion aux hommes que l'habitude de l'analyse a conduits au scepticisme, et qui portent dans leurs jugemens sur les résultats et les moyens employés en politique cette indifférence profonde qui naît de leur système. Je leur dirai que, si l'on considère les révolutions successives qui ont agité les sociétés humaines, si l'on observe que chaque peuple a eu, comme chaque individu dans l'ordre naturel, sa naissance, son accroissement, sa virilité, sa vieillesse et sa fin, on est tenté de croire avec eux à un ordre immuable qui, rangeant sous une même loi l'être animé, l'arbre, les fleurs, les nations, a prononcé contre tous cette sentence fatale: Naissance, vie et mort. Sans doute, en admettant un semblable arrêt, l'âme découragée se demande si les efforts tentés pour prolonger la vie des peuples ne sont pas superflus, et si le parti le plus sage ne serait pas d'attendre avec indifférence les événemens successifs commandés par un irrévocable destin. Mais il existe au fond du cœur de nobles sentimens qui viennent troubler ce sommeil égoïste; en outre, un examen plus réfléchi de l'histoire prouve qu'avant de mourir, ces sociétés passées ont eu de longues années de paix, de prospérité, au milieu desquelles des générations entières ont vécu sans ajouter au fardeau des misères humaines le lourd fardeau des misères politiques; ce même examen nous montre encore les causes qui ont enfanté leurs divisions, leurs malheurs et celles qui ont déterminé leur chute. Lors donc qu'un peuple est dans toute sa force, lorsqu'il est riche, éclairé, laborieux, pourquoi ces années de paix ne lui seraient-elles pas réservées ? pourquoi n'éviterait-il pas ces fautes dont les expériences passées peuvent le garantir?

Bornons-nous donc à déplorer cette absence de sentimens patriotiques que chacun de nous est disposé à supposer à ses adversaires, et que quelques-uns ont même le singulier courage d'avouer tout haut; rappelons-nous que ce scepticisme politique est la suite ordinaire des longues secousses; et si nous sommes forcés de reconnaître son existence, que ce soit en lui résistant et en cherchant à le repousser loin de nous.

Les Anglais, eux aussi, après leur longue révolution, connurent l'indifférence politique, et aujourd'hui quel est celui d'entre eux qui ne tressaille au cri de la vieille Angleterre ?

Prenons donc foi et confiance dans l'avenir ; encourageons, au lieu de les abandonner, ceux de nos hommes d'Etat, de nos orateurs, de nos écrivains qui ont entrepris la difficile mission d'unir l'ordre, la liberté et l'égalité légale; et si nous réussissons, nous aurons fourni une preuve éclatante à l'appui du noble système qui repose sur la possibilité de la perfectibilité humaine.

Bordeaux. — Imprimerie de LAVIGNE.

www.ingramcontent.com/pod-product-compliance
Ingram Content Group UK Ltd.
Pitfield, Milton Keynes, MK11 3LW, UK
UKHW031952260826
14628UKWH00005B/2008

9 782012 398184